Mit ♡ illustriert
von Mareike Engelke

Was die Liebe wachsen lässt

VOM GROSSEN
UND KLEINEN
LIEBESGLÜCK

GROH

Love
Love

»Liebe wächst mit der Zeit…«

… und wir finden, es ist Zeit für eine Liebeserklärung an die Liebe: Dieses Buch steckt voller großer, kleiner, magischer, bunter, praktischer, verrückter, bezaubernder Dinge, die die Liebe wachsen lassen – ganz egal, ob die Sonne gerade scheint oder auch mal nicht. Dinge, die nichts kosten und trotzdem unglaublich wertvoll sind. Das sind nicht nur all die großen und kleinen Momente voller Liebesglück im Alltag, sondern auch lehrreiche Erfahrungen und liebevolle Gesten, die das Zusammensein so besonders machen.

Wir entdecken, wie gut wir einander tun und wie schön es ist, aneinander zu wachsen.

Eine kleine Hommage an die Liebe mit all ihren wunderbaren Facetten, Geschlechter- und Paarkonstellationen, die in diesem Buch ausdrücklich inkludiert sind. Und daran, wie schön es ist, zu LIEBEN! (In allen Zeiten.)

Gemeinsam
etwas pflanzen

Was die Liebe wachsen lässt...

Herzrasen haben

Gras drüber
wachsen lassen

Einander verzeihen zu können, trägt zu einer harmonischen und stabilen Partnerschaft bei. Das Glück klopft schneller wieder an unsere Tür, wenn es uns gelingt, gemeinsam nach vorne zu blicken, anstatt uns tagelang zu verkriechen und zu schmollen.

Auf Augenhöhe sein

Sich lang und fest umarmen

SO REPARIERT MAN
SICH GEGENSEITIG.

Unter einer Decke stecken

Nichts verbindet mehr als körperliche Nähe. Das Tolle daran: Oxytocin, das sogenannte Kuschelhormon, das uns glücklich macht, wird ausgeschüttet und Stress reduziert. Und davon können wir gar nicht genug kriegen! Es darf also nach Herzenslust gekuschelt werden und mehr ...

Dem Partner oder der Partnerin mal so richtig einheizen

... UND MIT EINEM SAUNABESUCH ÜBERRASCHEN.

Auf Tuchfühlung gehen

Kleine Zärtlichkeiten wie über den Rücken zu streichen oder den Arm umeinander zu legen, lassen sich prima spontan im Alltag verteilen und können zu kleinen Ritualen werden.

Nicht das Handtuch werfen

Nicht aufgeben, nur weil es gerade schiefläuft. Dabei müssen wir nicht immer alles allein hinbekommen, sondern können gemeinsam nach Lösungen suchen und eine passende finden.

Blau machen

DEN ALLTAG MAL HINTER SICH LASSEN UND SPONTAN ALLEN VERPFLICHTUNGEN ABSAGEN.

BIS SPÄTER!
ICH LIEBE DICH!
danke
TO DO
~~BAD~~
~~SAUGEN~~
PAKET
KÜSSEN
GLEICH GIBT'S KAFFEE

Etwas anzetteln

... UND ZWAR LIEBE BOTSCHAFTEN AUF POST-ITS.

Ob Joggen, Klettern, Tanzen, oder Yoga – gemeinsamer Sport tut der Beziehung gut. Frust und Stress werden abgebaut und unsere Lust gesteigert. Ganz nebenbei verbrennen wir noch Kalorien.

Gemeinsam auf dem Laufenden bleiben

meiner

Sich Freiräume
schaffen

deiner

Toleranz üben

... macht glücklich. Je mehr wir einander mit all unseren Eigenheiten und Besonderheiten akzeptieren und annehmen können, desto zufriedener sind wir auch mit uns selbst, belegen Studien.

Einander so richtig einkochen

Liebe geht immer mal wieder durch den Magen.
Ob Frühstückseier und Speck oder Drei-Gänge-Menü –
Selbstgekochtes würzt die Liebe.

Danke

Bitte

SAGEN.

Zwei kleine Worte mit großer Wirkung, die in jeder glücklichen Beziehung verschwenderisch ausgeteilt werden.

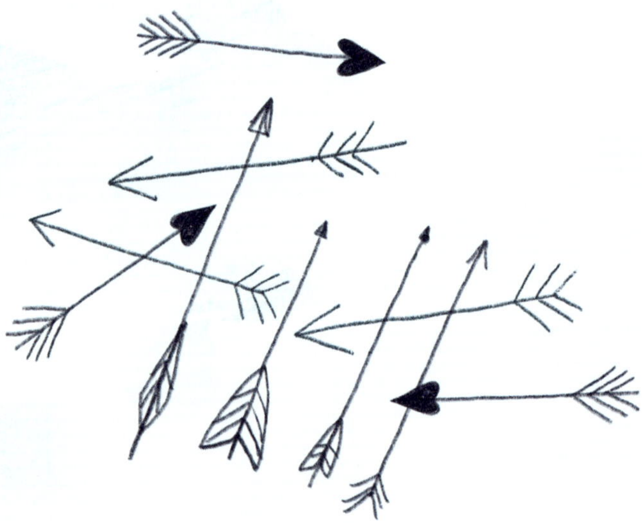

Die andere Person
sein lassen

Ändern kann man einen Anzug, nicht aber einen Menschen. Lieber großzügig über kleinere Fehler und Macken hinwegsehen und all die liebenswerten Eigenschaften feiern, die dazu beigetragen haben, dass Amors Pfeil im Herz gelandet ist. Sich mit dem Rest einfach arrangieren.

Glücklich mit sich selbst sein

... und verstehen, dass niemand für das Glück der anderen Person verantwortlich ist. Vielmehr beginnen Glück und Zufriedenheit im eigenen Herzen.

Es krachen lassen

... ohne sich davon verunsichern zu lassen – und zwar kultiviert. Denn Streiten ist schließlich keine Bedrohung, sondern der Kampf um eine gute Beziehung. Und: Nach dem Sturm scheint wieder die Sonne.

Sich versöhnen

Sich versöhnen ist eine der hohen Künste der Liebe. Mit einer Entschuldigung und der Vereinbarung, wie man das nächste Mal mit der Situation umgehen möchte, steht der Versöhnung nichts mehr im Weg.

In den Schuhen der anderen Person laufen

Manches Problem löst sich dann auf, wenn man versucht, die Motive des Gegenübers zu verstehen. Frei nach dem Sprichwort: Lauf mal einige Meilen in den Schuhen der anderen Person und bewerte dann die Situation neu.

Ein gutes Gespräch führen

Reden verbindet. Es macht uns zufriedener, wenn wir offen und ehrlich miteinander kommunizieren und uns austauschen, belegen Studien. Wir können dabei über Hobbies, Politik, Kolleginnen und Kollegen, Freundinnen und Freunde oder gar frühere Beziehungen reden. Wichtig ist, dass wir uns gemeinsam in Themen vertiefen und Spaß und Interesse daran haben.

Miteinander schweigen können

Gemeinsam Pläne schmieden

WEIL DIE VORFREUDE SO SCHÖN ZUSAMMEN-SCHWEISST.

Und wieder verwerfen können

WEIL ES SOWIESO ANDERS KOMMT,
ALS MAN DENKT.

Zwischen den Zeilen lesen

Einander manchmal auch so verstehen – ohne Worte.
Indem wir fühlen, was die andere Person fühlt.

Ein neues Kapitel aufschlagen

... und sich abwechselnd etwas vorlesen. Sich gemütlich aneinander kuscheln, ein paar Seiten lang zuhören und nebenbei ins Land der Träume gleiten.

Sich entschuldigen

- ☐ Es tut mir leid!
- ☐ Ich habe es nicht so gemeint
- ☐ Das war echt doof von mir
- ☐ Ich werde mich bessern!
- ☐ SORRY – von ganzem Herzen
- ☐ Ich liebe dich!

Eine Entschuldigung annehmen

ZUM STREITEN BRAUCHT ES ZWEI, ZUM VERSÖHNEN AUCH.

Vergeben und vergessen

Möglichst nichts nachtragen und einfach mal auf die Delete-Taste im Kopf drücken – frei nach dem Motto: „Die erste Person, die sich entschuldigt, ist die Mutigste. Die erste Person, die verzeiht, ist die Stärkste. Die erste Person, die vergisst, ist die Glücklichste.“

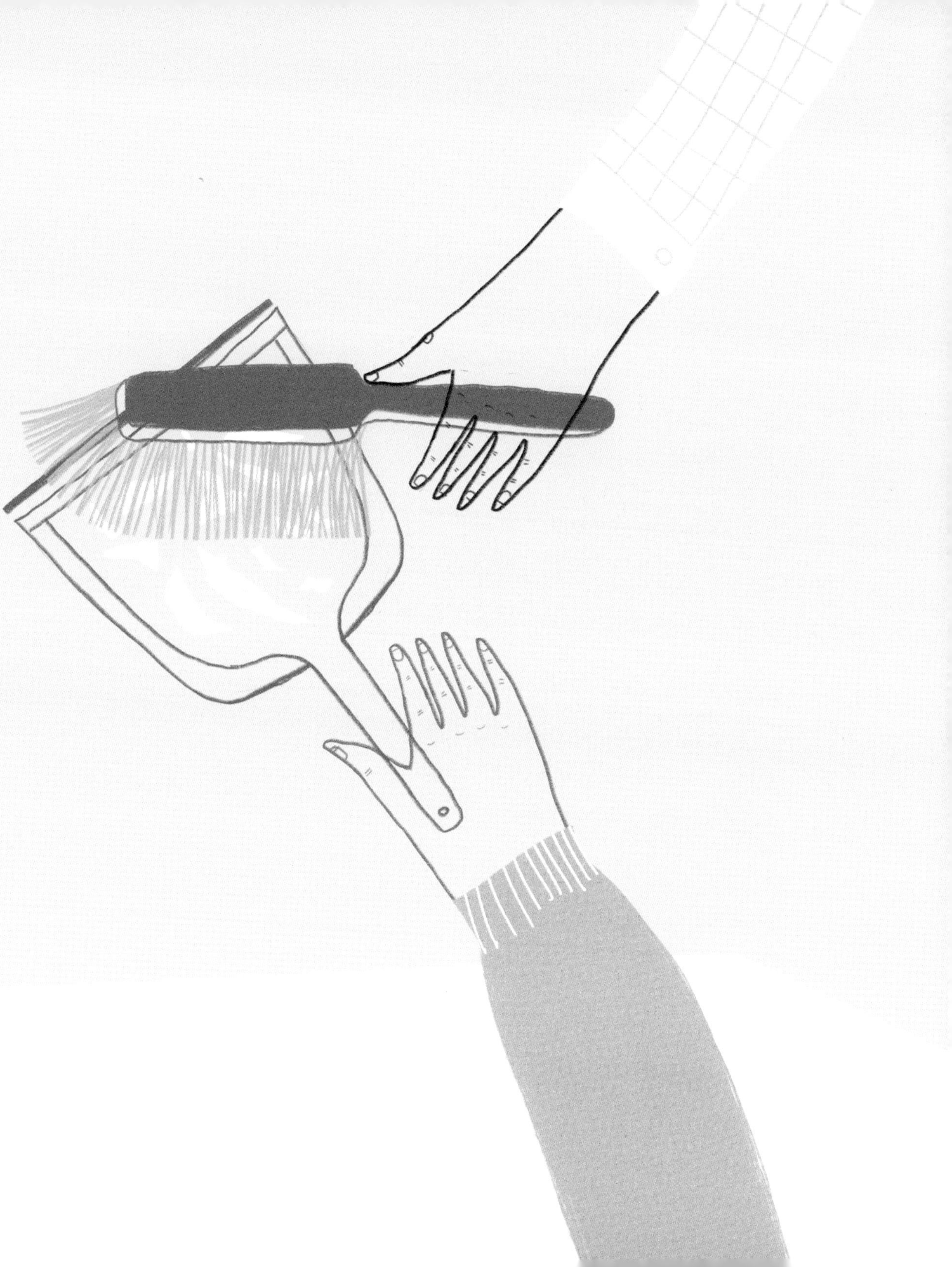

Die Schokoladenseite sehen

Sooft es geht, den Blick auf das Beste in der anderen Person richten und Macken einfach Macken sein lassen. (Und mit ein bisschen was Süßem sieht die Welt schon wieder viel besser aus.)

Mit kleinen Zärtlichkeiten im Alltag zeigen wir einander unsere Wertschätzung und Liebe. Warum das Gegenüber nicht mal zum Anknabbern finden?!

Ein Ohr
abknabbern

Andere Saiten aufziehen

ÜBERRASCHT EINANDER UND BRINGT
EUCH EIN STÄNDCHEN DAR!

Sich trennen

Für ein paar Stunden oder Tage, an denen jede Person für sich den eigenen Wünschen, Hobbies und Verpflichtungen nachkommen kann.

Und zwischendurch schrecklich vermissen

Ein bisschen vermissen zwischendurch weckt die Sehnsucht und ist wie der Wind, der das Feuer wieder entfacht.

Auf die
bessere Hälfte
verzichten ...

WEIL ES BEI DER WAHREN LIEBE
UM DAS GEBEN UND NICHT UM DAS
NEHMEN GEHT.

Ein offenes Ohr haben

AUCH FÜR DIE DINGE, DIE WIR VIELLEICHT SCHON HUNDERT MAL GEHÖRT HABEN. WEIL SIE DEM PARTNER ODER DER PARTNERIN WICHTIG SIND.

Auf Durchzug schalten

Bei einem Ohr rein, beim anderen raus.
Einmal nicht ernst nehmen, ist auch ein Ausdruck der Liebe.

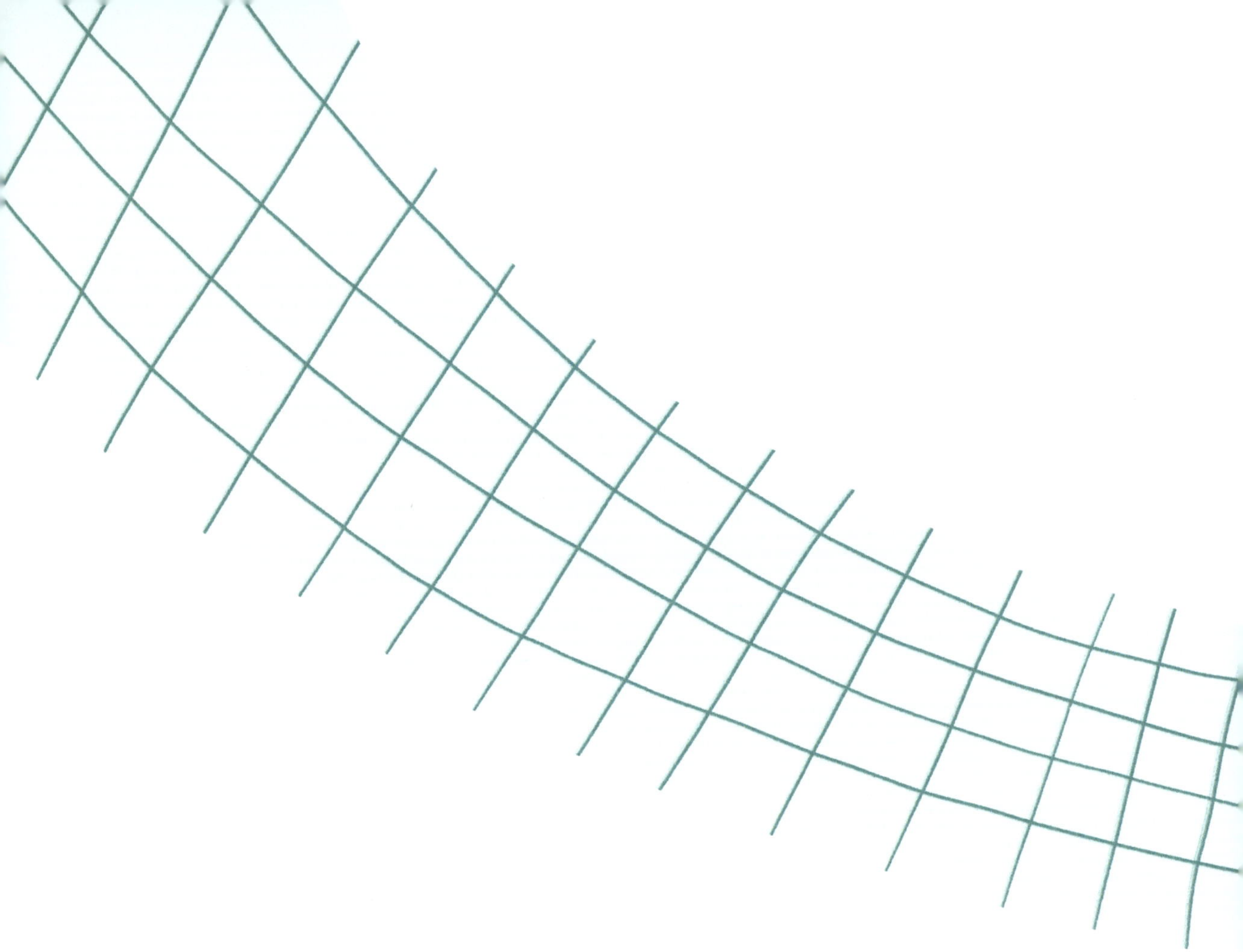

»Du tust mir gut«
sagen

Ein aufrichtiges Kompliment macht gleich zwei Menschen glücklich: die beschenkte Person, weil sie sich geliebt und wertgeschätzt fühlt, und die schenkende Person selbst. Denn Komplimente verstärken ganz nebenbei das, was wir aneinander so loben.

Fünfmal loben für einmal meckern

Der US-Psychologe und Paarforscher John Gottman, mit Spitznamen „Einstein der Liebe", hat eine Formel entwickelt, die besagt, dass fünf Komplimente eine negative Botschaft aufwiegen.

Sich Zeit nehmen

… UND UNGETEILTE AUFMERKSAMKEIT SCHENKEN.

Frei nach dem Motto: „Eines der schönsten Komplimente, das dir dein Gegenüber heutzutage machen kann, ist, das Smartphone in der Tasche zu lassen.“

Sich anziehen

EBEN WEIL WIR GEGENSÄTZLICH SIND.
UND ES GETROST SEIN DÜRFEN.

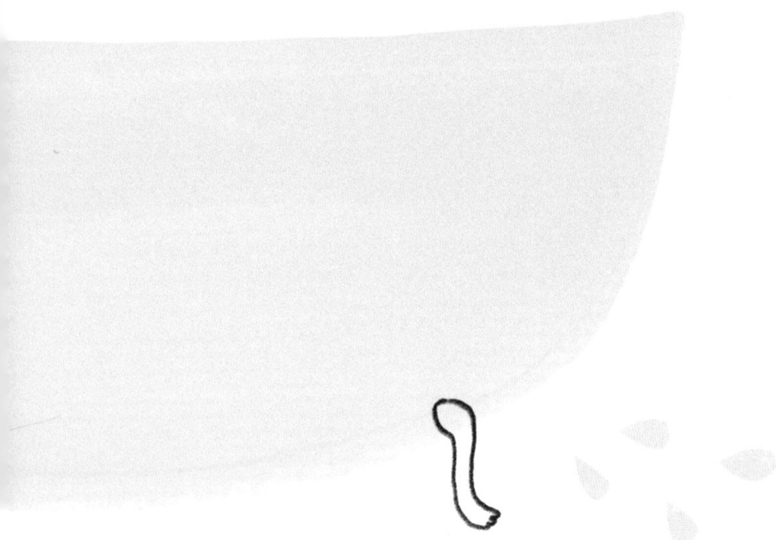

Sich ergänzen

WENN EINE PERSON DEN JAHRESTAG VERGISST, UND DIE ANDERE SIE DARAN ERINNERT.

WENN EINE PERSON
DIE ZAHNPASTATUBE
OFFENLÄSST, UND DIE
ANDERE SIE ZUSCHRAUBT.

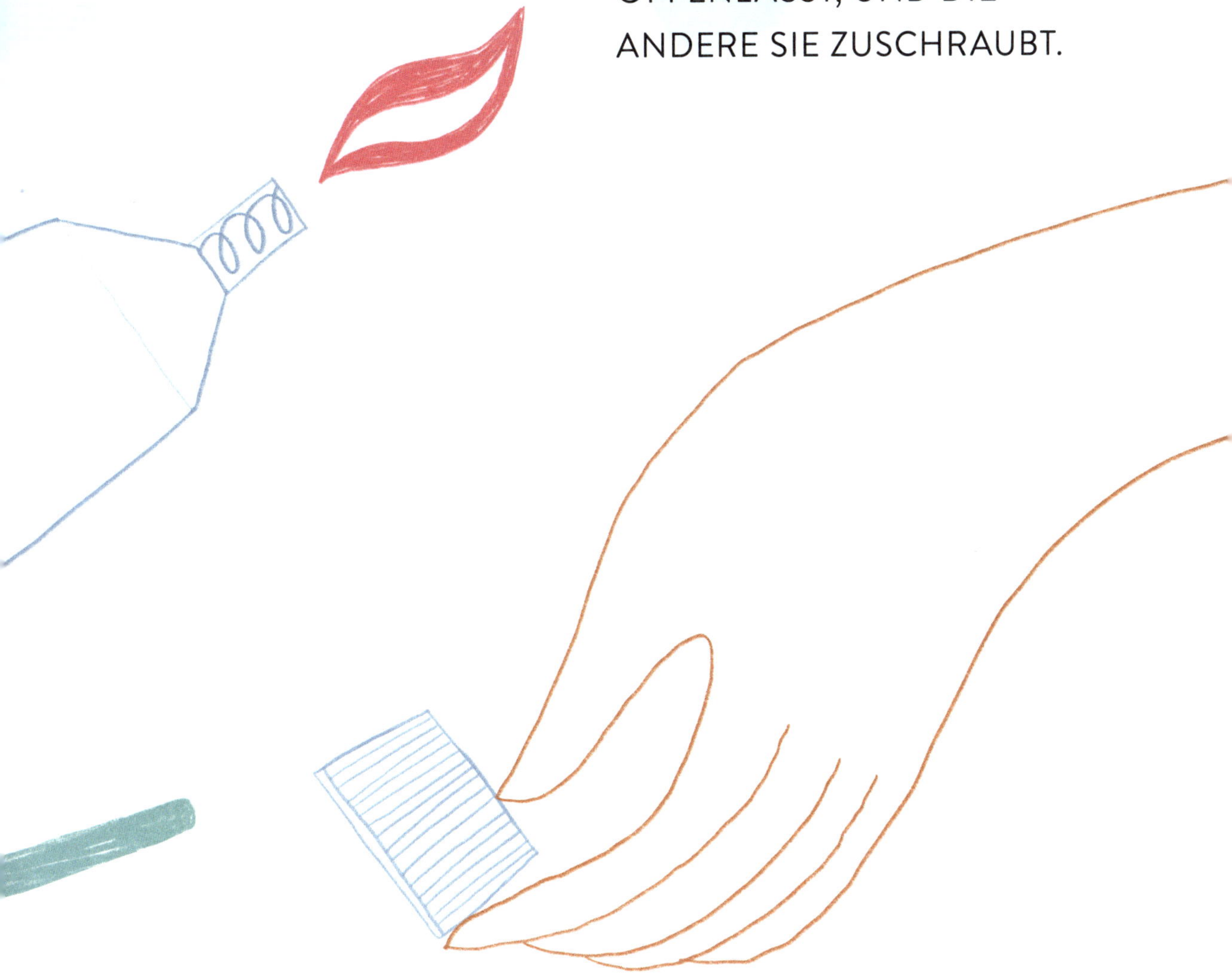

Küssen, küssen, küssen

Eine Minute Küssen verbrennt 2,6 Kalorien.
Und setzt dabei wahnsinnige Mengen an
Glückshormonen frei (und das ist ja viel wichtiger ...)!

Lachen

VOR LAUTER GLÜCK.

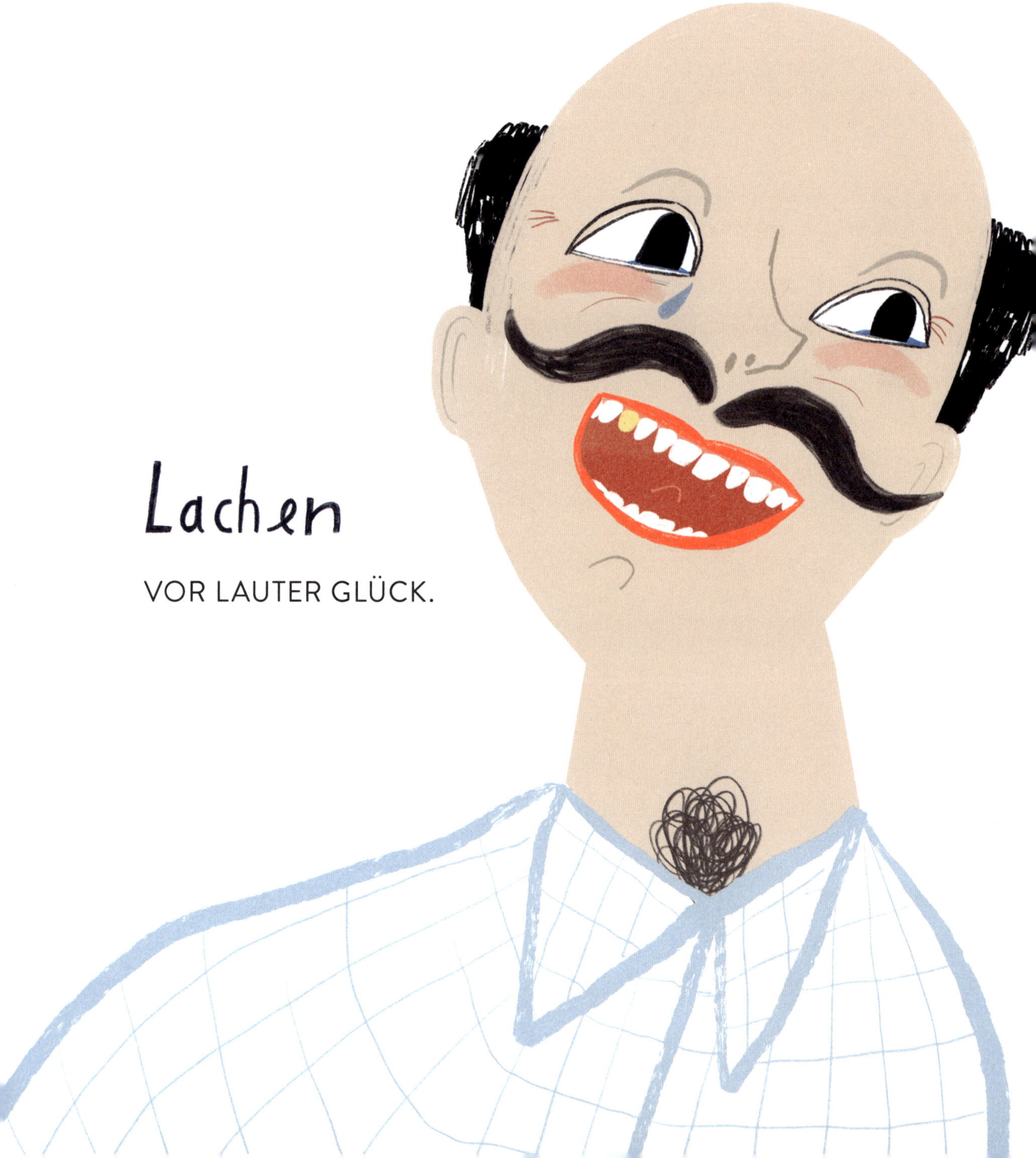

Weinen

VOR LAUTER LACHEN.

Weil das Leben zu kurz ist, um immer ernst zu sein, und Humor der Knopf ist, der verhindert, dass uns der Kragen platzt.

Gemeinsam
die Welt entdecken –

AUCH MAL VOM
SOFA AUS.

Ein paar Eimer
Farbe ins
Leben kippen

Gemeinsam die Pinsel schwingen und die Wände streichen, alte Möbel auffrischen, einen Zeichenkurs besuchen, Elton John-Brillen aufsetzen, alte Lieblingsklamotten batiken, einen Korb Beerenfrüchte sammeln und bunte Beeren-Muffins backen, einen großen Wildblumenstrauß aufstellen, in quietschgelben Gummistiefeln durch den Regen spazieren, ein spektakuläres Feuerwerk bestaunen ...

Nicht alles glauben

... was Hollywood verspricht: Die ewige Alles-Happy-Sonnenschein-Beziehung gibt es nicht – und das ist gut so. Denn Abwechslung ist das halbe Leben und viel schöner ist es, alle Facetten des Zusammenlebens auszukosten. Auch aus schwierigeren Phasen lernen wir und profitieren davon schließlich.

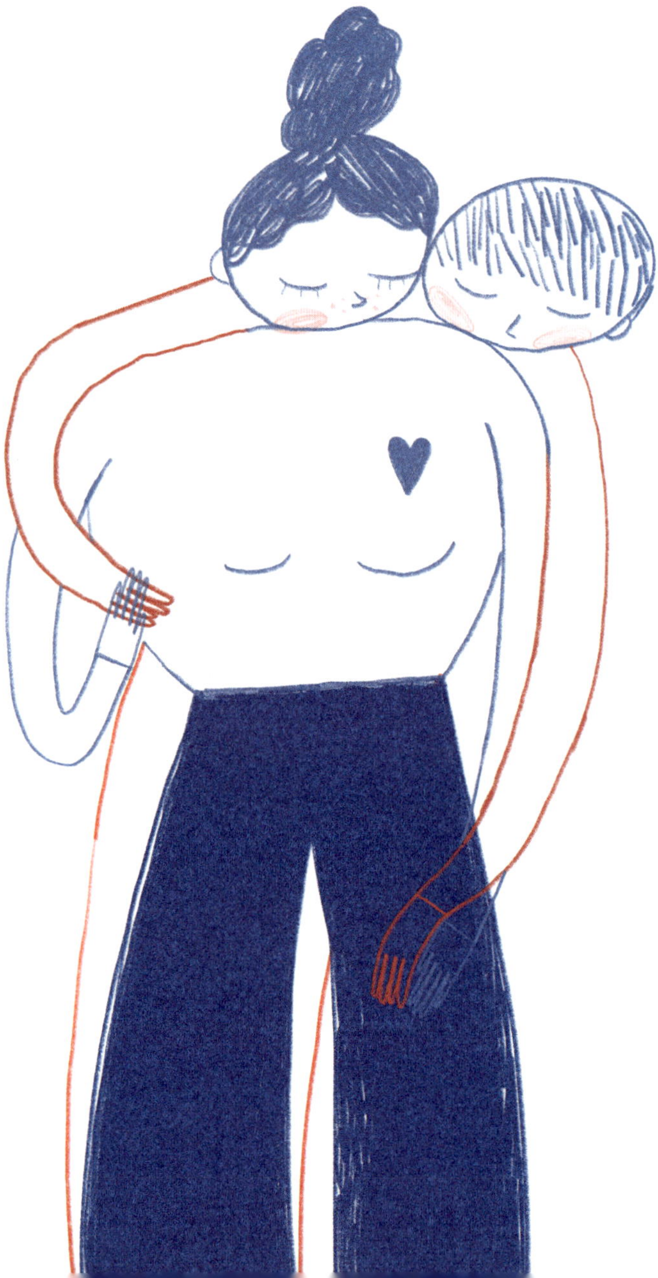

Vertrauen haben

... und es sich verdienen, ist das A und O in unserer Beziehung.
Mit der Seele des oder der anderen umgehen, als wäre es die eigene.

In die Offensive gehen

… UND ZWAR MIT GEBALLTEN FREUNDLICHKEITEN.

Unter die Arme greifen

EINANDER UNTERSTÜTZEN …
UND SICH GEGENSEITIG HELFEN, WENN NOT AM MANN, AN DER FRAU ODER SONST JEMANDEM IST.

Niemals nie sagen

Sätze wie „Nie hörst du zu“ oder „Immer dasselbe mit dir!“ am besten großzügig streichen. Anstatt Vorwürfe zu pauschalisieren, ist es besser, konkretes Feedback zu geben – positiv wie negativ. Gerne darf auch das Gute betont werden, denn immer gibt es zwei Seiten.

Einfach mal machen

Geht nicht? Gibt's nicht? Niemals? –
Einfach mal machen! Probiert gemeinsam etwas Neues aus.

Zusammen Schmetterlinge füttern

Liebe braucht Nahrung und Schmetterlinge im Bauch auch. Deswegen ist es schön, wenn wir uns auch nach Jahren immer wieder mit Dates überraschen, mit einem Candle-Light-Dinner oder einem Konzert verwöhnen und uns gemeinsam das gönnen, was uns guttut und Spaß macht.

Tief blicken lassen

Drei Minuten am Tag der Partnerin oder dem Partner bewusst in die Augen schauen, raten Paar-Experten. Das verbindet und schafft Nähe, denn unsere Augen spiegeln wider, was uns im Innersten ausmacht und wie wir uns fühlen.

Du

Den 14. Februar auch im März, April, Mai und so weiter feiern ...

DENN LIEBE KENNT KEINEN KALENDER.

Wichtiger als ein bestimmter Tag ist, dass wir unsere Liebe kontinuierlich zeigen und kleine, liebevolle Gesten rund ums Jahr verschenken.

Einen Liebesbrief schreiben

Der gute alte Liebesbrief ist heute etwas Besonderes und überdauert die Zeit. Dass wir in 20 oder 30 Jahren eine alte WhatsApp-Nachricht wiederfinden, ist dagegen ziemlich unwahrscheinlich. Auch eine Idee ist, unsere alten WhatsApp Nachrichten und Liebes-SMS einfach in einem Brief festzuhalten.

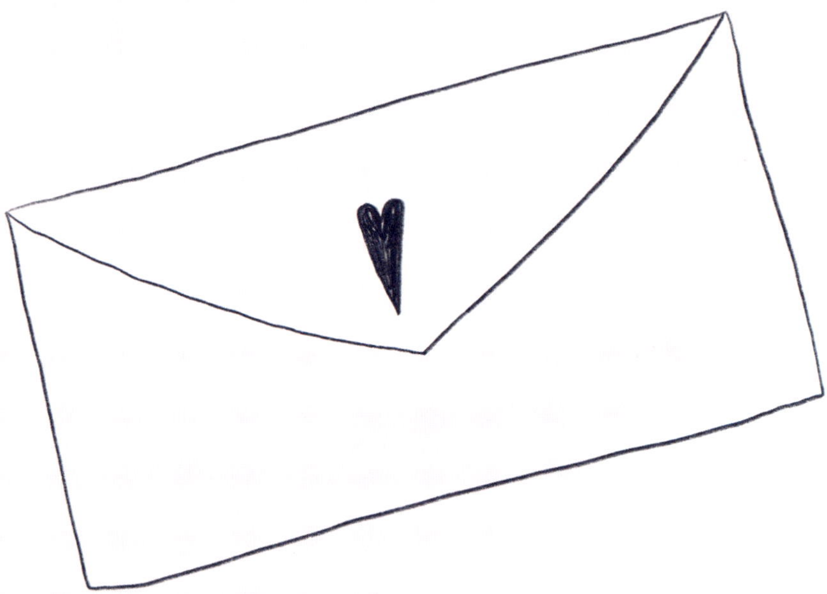

Funken sprühen lassen

SICH FÜR DIE HOBBIES UND LEIDENSCHAFTEN DER ANDEREN PERSON BEGEISTERN LASSEN.

Feuer und Flamme sein

FREI NACH AUGUSTINUS:
NUR WER SELBST BRENNT,
KANN DAS FEUER IN ANDEREN
ENTFACHEN.

Honeymooner

Auch ganz ohne Flitterwochen: Mal wieder im Bett frühstücken und einander Honig um den Mund schmieren …

Gemeinsam etwas ausbaden

Wenn möglich, sich nach einem Streit versöhnen und nicht gekränkt zu Bett gehen. Lieber sich aussprechen und nachdem sich die erhitzten Gemüter wieder abgekühlt haben, zusammen ein schönes, warmes Bad nehmen.

Füreinander eintreten

Schnick –
Schnack
– Schnucken

FREI NACH VOLTAIRE: „EIN LANGER STREIT BEWEIST, DASS BEIDE SEITEN UNRECHT HATTEN."

Wie lösen wir auch ein vermeintlich unlösbares Problem? Mit Hilfe des guten alten Schere-Stein-Papier-Spiels – kurz und schmerzlos.

Ab und zu einen
Knall haben

WIR ALLE SOLLTEN EINE PERSON HABEN, BEI DER WIR NICHT GANZ NORMAL SEIN MÜSSEN.

Einander
Heimathafen sein –

egal wo

... UND DEN STÜRMEN
DES LEBENS TROTZEN.

„Weißt du noch…?!" sagen

UND GEMEINSAM
LACHEN.

Gemeinsam die alten Fotos anschauen, uns gegenseitig die ersten Liebesbriefe, Mails und SMS vorlesen, die Orte und Plätze aufsuchen, an denen wir gemeinsam waren und wieder das alte Kribbeln im Bauch spüren.

Lieben

EIN GANZES
LEBEN LANG.

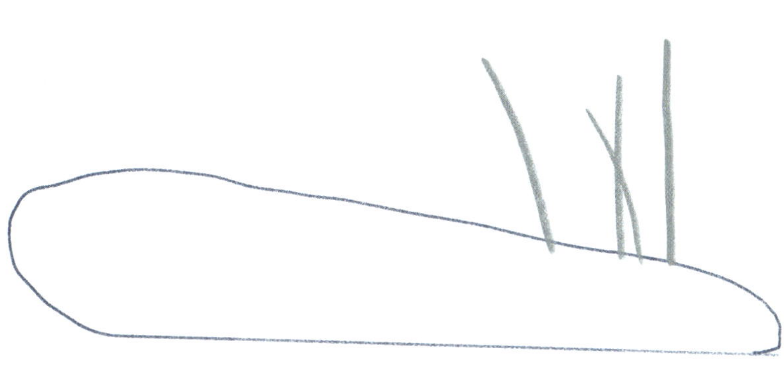

Danke an meine Lektorin Kathrin Brosig und das gesamte Redaktionsteam ♡

Danke an meinen Hasi D. für unsere sehr besondere Liebe. Auch wenn du NIE meine Bücher liest, du BANAUSE!!!

IMPRESSUM

Idee und Konzept: GROH Verlag
Text: GROH Redaktion

Illustrationen & Buchgestaltung: Mareike Engelke, www.mareikeengelke.de
vermittelt durch die Agentur Susanne Koppe, www.auserlesen-ausgezeichnet.de

Aus Verantwortung für die Umwelt hat sich die Verlagsgruppe Droemer Knaur zu einer nachhaltigen Buchproduktion verpflichtet. Der bewusste Umgang mit unseren Ressourcen, der Schutz unseres Klimas und der Natur gehören zu unseren obersten Unternehmenszielen.

Gemeinsam mit unseren Partnern und Lieferanten setzen wir uns für eine klimaneutrale Buchproduktion ein, die den Erwerb von Klimazertifikaten zur Kompensation des CO_2-Ausstoßes einschließt.

Weitere Informationen finden Sie unter:
www.klimaneutralerverlag.de

Was die Liebe wachsen lässt:
Vom großen und kleinen Liebesglück

ISBN 978-3-8485-0120-5

www.geschenkverlage.de

FSC www.fsc.org MIX Papier aus verantwortungsvollen Quellen FSC® C018236

1 2 3 4 5